Había una vez un soldado de juguete hecho de plomo. Vivía en el cuarto de los juguetes de los niños y sólo tenía una pierna. En la mesa, además del soldado de plomo, había otros juguetes.

Entre los juguetes estaba una linda muñeca, posaba como una bailarina sobre una base redonda y tenía cabello rizado.

Estiraba los brazos y levantaba una pierna. Vestía una falda larga, una blusa y una angosta estola de seda. Todos los juguetes apreciaban su belleza.

Cada noche, los juguetes practicaban sus propios juegos. Los dos cascanueces bailaban en zigzag, el trompo giraba sobre la mesa y el pájaro cantaba dulces canciones.

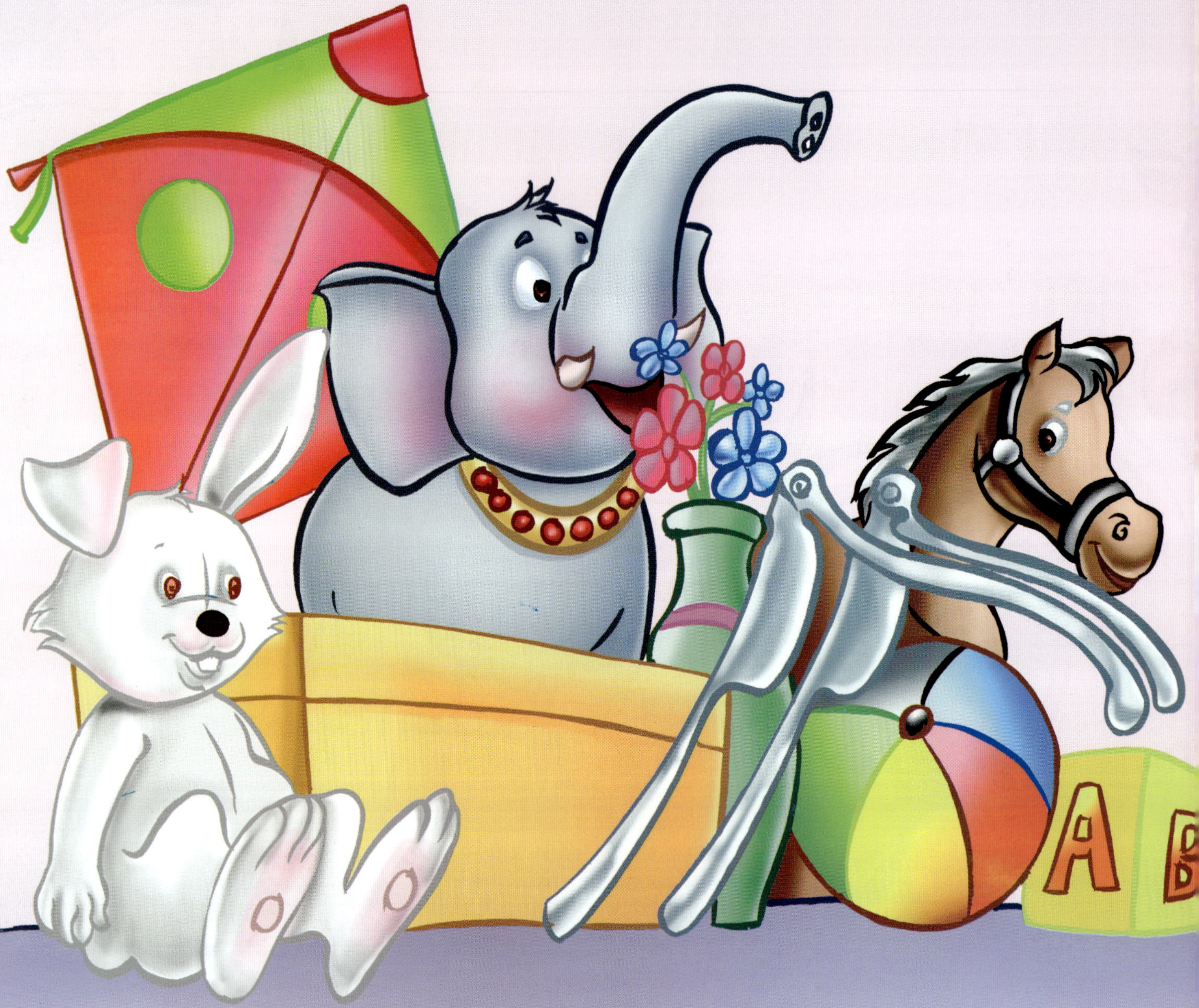

Al llegar la mañana, los juguetes se ponían rígidos de nuevo. Una mañana, el soldado de plomo se paró frente a la hermosa muñeca.

Nunca le quitó la mirada de encima, ni siquiera por un momento. El juguete de resorte se rió de pronto. Los otros juguetes también vieron cómo el soldado de plomo miraba fijamente a la hermosa bailarina.

Había un pequeño hoyo en el cuarto de los juguetes. El encanto de los ojos de la hermosa muñeca seducía al soldado de plomo. Él caminó lentamente hacia ella, pero no pudo ver el hoyo, se cayó al fondo de la alcantarilla y se atoró entre las losas.

Afuera estaba lloviznando. El soldado de plomo salió de la alcantarilla y llegó al jardín, donde había niños jugando. Vieron al soldado de plomo y pensaron en jugar con él.

La niña hizo un barco de papel y lo colocó en un pequeño arroyo. Luego, enviaron a navegar al soldado de plomo dentro de la alcantarilla.

El barco de papel se meció hacia arriba y hacia abajo, y navegó entre dos tuberías del drenaje.

Sentado en el caño, en un pequeño ladrillo, había un ratón. El soldado de plomo se quedó parado frente a él. El roedor no estaba contento de ver al soldado de plomo.

El agua fluyó y el soldado de plomo navegó por la alcantarilla. El barco de papel se mojó con el agua que lo rodeaba y se deshizo. El agua condujo al soldado de plomo hasta la ciudad de los peces, donde un gran pez lo vio y se lo tragó de un bocado.

Un día, un pescador atrapó al pez. La esposa del dueño del cuarto de los juguetes compró el pescado y quiso cocinarlo. En la cocina lo cortó en trozos.

Encontró al soldado de plomo de su cuarto de juguetes dentro del pescado, al cual cocinó. Colocó al soldado de plomo con los otros juguetes.

Días después, una sirvienta entró a limpiar el cuarto de los juguetes. Como dejó la puerta abierta, una ráfaga de viento arrojó al soldadito al fuego de la chimenea. Éste empezaba a derretirse cuando una segunda ráfaga arrojó a la hermosa muñeca a las llamas. Él la miró a ella, y ella a él. Pronto, los dos se estaban quemando.

Al día siguiente, cuando la sirvienta fue a recoger las cenizas del hogar, encontró al soldado de plomo en la forma de un pequeño corazón de plomo.